M. LE PROFESSEUR RAMEAUX

Un nouveau deuil vient de frapper notre Faculté de médecine. Il y a quelques mois à peine, la mort nous a ravi un clinicien éminent, le professeur Hirtz; aujourd'hui nous déplorons la perte bien sensible que nous venons de faire en la personne de M. Rameaux, notre savant et estimé professeur de physique médicale.

Les obsèques de M. Rameaux ont eu lieu le 8 mai dernier.

M. le Recteur de l'Académie de Nancy, M. le Doyen, les professeurs et agrégés de la Faculté de médecine en grand costume, un grand nombre de membres des autres Facultés, la Société de médecine, la Société des sciences, le médecin en chef et les médecins de l'hôpital militaire, un grand nombre de confrères, ont accompagné le convoi funèbre.

Nos étudiants en médecine sont venus déposer sur le cercueil du regretté professeur une couronne de perles et de fleurs; tous ils avaient tenu à accompagner leur maître jusqu'à sa dernière demeure et marchaient en tête du cortège.

Les cordons du poêle étaient tenus par MM. Tourdes et Rigaud, de la Faculté de médecine; M. Lederlin, professeur à la Faculté de droit; M. Forthomme, professeur à la Faculté des sciences; M. Campaux, professeur à la Faculté des lettres; M. Oberlin, professeur à l'École supérieure de pharmacie.

Au cimetière des discours ont été prononcés par M. le Recteur Jacquinet; M. Stoltz, doyen de la Faculté de médecine; M. Giraud, directeur de l'Asile de Maréville, président de la Société de médecine; M. Jacquemin, directeur de l'École supérieure de pharmacie, président de la Société des sciences; M. Hypolitte, aide de chirurgie, au nom des élèves en médecine.

Après la cérémonie, M. Brisson, neveu de M. Rameaux, a remercié en termes émus, les étudiants de la respectueuse sympathie qu'ils avaient témoignée, en cette triste circonstance, à la famille de leur savant professeur.

Discours de M. JACQUINET, Recteur de l'Académie de Nancy.

MESSIEURS,

N'attendez de moi ni la rapide histoire de l'honnête et noble vie qui finit à cette tombe, ni l'hommage de la science aux travaux qui l'ont tout entière occupée et qui en perpétueront le souvenir. C'est aux amis, aux collègues, aux confrères de M. Rameaux que l'un et l'autre de ces soins pieux reviennent de tout droit. Je ne veux que porter ici, au nom de la famille académique, l'expression de la douloureuse stupeur qu'elle a ressentie, du deuil profond qui l'a soudainement enveloppée, en apprenant que M. Rameaux, hier encore si présent et si actif au milieu de nous, foudroyé en quelques instants par l'explosion d'un mal inconnu, avait cessé de vivre. Au premier bruit d'un malheur si peu prévu, qui de nous ne s'est senti d'abord incrédule, comme malgré lui, et n'a rejeté comme impossible la triste nouvelle? M. Rameaux avait cependant atteint à cet âge avancé de la vie où notre être fragile ne chemine plus qu'à travers les écueils; mais l'activité laborieuse et aisée de ses habitudes, mais le merveilleux fonds de force et de santé dont il disposait sous nos yeux à 72 ans, et, le dirai-je aussi? l'absence de la plupart des tristes insignes de son âge, en dissimulant le nombre de ses années, lui conservaient si bien, au lieu du mélancolique aspect de la vieillesse, l'apparence de la maturité accomplie! Mais l'heureux privilége d'une nature calme, d'un de ces tempéraments d'esprit et de corps bien équilibrés, dont les ressorts ne s'usent que lentement au jeu prolongé de la vie, et l'enviable état d'un sage qui a demandé sa félicité aux joies de ce monde les plus saines et les plus pures, et les a trouvées complètes dans son laboratoire de savant et dans son foyer, rempli par une affection unique et profonde, nous laissaient espérer pour ce vétéran de notre physique médicale de longs jours encore d'étude et de bonheur! Tous, nous nous flattions ainsi, imprudemment, comme toujours, tant les avertissements journaliers de l'expérience et même les sévères clartés de celle de toutes les sciences à qui les surprises de la mort sont le plus familières, ont peine à triompher de cette confiance dans la vie, sentiment incorrigible de notre nature, qui, à le bien prendre, est peut-être un des gages les plus sérieux de notre immortalité!

Bien des éloges, inspirés par une haute estime, dictés aussi par la reconnaissance et l'affection, se produiront autour du nom et du souvenir de M. Rameaux. Aucun, si je ne me trompe, ne répondra mieux à son ambition intime et préférée que les louanges dont je recueillais hier l'expression sincère sur les lèvres de ses élèves. Les maîtres à qui la profondeur de leur savoir, l'importance de leurs travaux ont fait un nom respecté, se trouvent en nombre dans ces grands corps voués à la mission d'enseignement la plus haute ; les maîtres aimés et chéris, là comme ailleurs, sont plus rares. M. Rameaux fut du petit nombre de ceux dont l'autorité, due à d'éminentes qualités d'esprit et de talent, s'accroît par l'affection qu'ils inspirent. Ce qui lui attachait les cœurs de cette vive jeunesse qui se renouvela autour de lui pendant 39 ans, c'était sa sollicitude infinie pour ceux qu'il appelait, avec un accent de respect, les travailleurs ; c'était un généreux besoin d'être utile à tous, qui se marquait par les soins extrêmes qu'il ne cessait d'apporter à toutes les parties de son enseignement. Nulle étude, nul effort ne lui coûtait pour mettre dans ses démonstrations la clarté qui dissipe toutes les ombres, l'évidence souveraine qui impose l'adhésion aux intelligences les plus lentes. Souvent, lorsque déjà sa parole avait fait la lumière dans tous les esprits, il recommençait, élucidait encore par de nouveaux tours ce qu'il venait d'expliquer si bien, dans la crainte que quelque attardé ou quelque distrait n'eût besoin de ce dernier secours, ou pour se satisfaire plus complétement lui-même. Dans ses leçons, comme dans ses expériences et ses recherches, en chaire comme au laboratoire, partout, jusqu'au dernier jour, on le vit possédé par une singulière ardeur de précision, dominé par le génie du scrupule, et par ce qu'on pourrait appeler, dans la science comme dans l'art, la passion du fini. Vous avez conscience, jeunes gens, des progrès que vous faisiez chaque jour sous cette main attentive et sûre, et vous sentez profondément pour vous et pour cette Académie la grandeur de notre perte. Le deuil dont vous témoignez dans cette triste cérémonie, honore votre esprit, fait l'éloge de vos sentiments et plaît à nos regards. Mais qui pourrait arrêter sa vue sur la désolation de ces amis, de ces plus anciens et plus fidèles amis, frappés au cœur, pour qui vient de se briser en un moment un lien si doux, une habitude si chère, un étroit commerce de tant d'années avec l'esprit le plus naturel et le plus aimable, le caractère le plus sûr, l'âme la plus aimante et la plus solide,... disons tout, avec le meilleur des hommes ? Encore moins ose-t-on penser à l'immense douleur de celle qui pendant 38 ans d'une union sans épreuve et sans nuage, fut la parure et le charme de son foyer, la douce inspiration de ses vertus, le bon génie de sa tranquille existence ; désormais moitié d'âme malgré soi survivante, à qui, dans le sombre isolement où s'achèveront ses jours, ne peuvent venir d'ici-bas que des consolations impuissantes et de vains allégements !... Spectacle déchirant, et pourtant salutaire !... Si, comme on l'a dit, l'invincible ardeur avec laquelle les plus tendres et les plus pures affections de ce monde s'élancent au delà des limites étroites de la vie, est un argument de plus en faveur de nos immortelles destinées, si notre âme, par cette pensée, se fortifie d'une nouvelle espérance, c'est surtout en présence de douleurs comme celle-ci, devant des séparations que l'énergique vitalité du lien formé entre deux cœurs, et brusquement rompu par la mort, ne permet pas de croire éternelles !

Discours de M. le professeur STOLTZ, Doyen de la Faculté de médecine de Nancy.

MESSIEURS,

La Faculté de médecine a eu subitement un deuil auquel elle était loin de s'attendre. Elle a perdu, il y a peu de jours, au milieu de la sécurité la plus parfaite, un de ses collègues les plus sympathiques et les plus aimés, M. le professeur Rameaux.

Permettez-moi de vous retracer à grands traits la biographie de cet excellent confrère, dont la santé apparente promettait encore une assez longue existence.

Jean-François Rameaux naquit à Annoire, département du Jura, le 22 septembre 1805. Après avoir fait ses humanités dans son pays natal, il vint commencer ses études en médecine à Strasbourg, où il se fit immédiatement apprécier et estimer par ses condisciples; mais entraîné par l'étude des sciences exactes, il se rendit à Paris dès sa troisième année, il fréquenta les leçons des hommes éminents de l'époque, et les laboratoires de biologie, notamment celui de Magendie, où il puisa le goût de la physiologie expérimentale. Après avoir passé avec succès son examen de licencié, il fut reçu docteur ès sciences en 1833. Il reprit ensuite ses études en médecine et soutint sa thèse de docteur en 1835.

M. Rameaux revint bientôt après à Strasbourg, où il avait des protecteurs, de nombreux amis et des relations affectueuses. Il conçut l'espoir bien fondé de s'attacher un jour à la Faculté de médecine, en qualité de professeur, et se prépara aux luttes qui, à cette époque, écartaient encore toute espèce de médiocrité.

En 1837, la chaire de physiologie était devenue vacante par la mort d'Alexandre Lauth, qui n'avait occupé cette chaire que pendant trois ans, absolument comme son prédécesseur Goupel, dont les contemporains se rappellent les brillants succès. M. Rameaux s'inscrivit pour disputer la place à des compétiteurs d'une grande valeur, venus de Paris et de Montpellier.

A peine âgé de 32 ans, il ne se flattait pas de remporter la palme, mais, pour l'honneur de l'École de Strasbourg, dont il était le seul représentant, il consentit à entrer en lutte. Ce concours fut remarquable, Rameaux n'y occupa pas la dernière place; son rival heureux fut M. Bouisson, aujourd'hui doyen de la Faculté de médecine de Montpellier.

Un concours pour l'agrégation dans la section des sciences accessoires fut ouvert en 1839. C'était en mai. Cette fois Rameaux allait se trouver dans son véritable élément. Inutile de dire qu'il sortit vainqueur de ce concours : il fut nommé à l'unanimité agrégé pour les sciences physiques et chimiques.

Dans le courant de la même année, le titulaire de la chaire d'hygiène et de physique médicale, M. le professeur Meunier est venu à mourir. La place fut mise au concours au mois de novembre. Rameaux se mit sur les rangs. Sa candidature écarta tout d'abord tous les compétiteurs; aussi fut-il seul à donner les preuves des connaissances exigées. Il recueillit l'unanimité des suffrages de ses juges, et le 18 décembre il reçut la confirmation de sa nomination à la chaire d'*hygiène et de physique médicales*. Il avait alors 34 ans.

Parvenu au but qu'il avait désiré d'atteindre, il se maria l'année suivante. Son choix était fait depuis longtemps, mais il avait attendu pour le réaliser qu'il eût conquis une position qui lui assurât un avenir honorable et définitif.

Après avoir pris possession de sa chaire, M. Rameaux s'appliqua principalement à étendre ses connaissances spéciales et à se tenir au courant de la science. Pendant trente années consécutives il enseigna à la Faculté de médecine de Strasbourg l'hygiène et la physique, c'est-à-dire jusqu'à l'époque de notre guerre désastreuse. Ayant dès le début de sa carrière renoncé à la pratique de la médecine, il ne s'occupait que de son étude favorite et y consacrait presque tout son temps. Par ses soins le cabinet de physique de la Faculté devint un des plus beaux et des plus complets de la province.

La Faculté de médecine de Strasbourg ayant été transférée à Nancy, M. Rameaux fut confirmé dans sa chaire par décret du 1er octobre 1872. Dépourvu de tout le matériel nécessaire à son enseignement, il emprunta celui de la Faculté des sciences, qui a bien voulu nous donner l'hospitalité pendant quelque temps. Mais bientôt le Gouvernement nous fit parvenir ce qui était le plus utile, et en moins de trois ans M. Rameaux avait formé, à sa grande satisfaction, un cabinet de physique plus beau, quoique moins vaste, que celui qu'il avait dû laisser à Strasbourg.

Il compléta alors son enseignement par des exercices pratiques, où il familiarisait ses élèves avec le maniement des instruments qu'il leur avait décrits.

Malgré son âge, il aimait plus que jamais l'étude et, plus d'une fois il nous a répété qu'il ne s'était jamais trouvé mieux disposé à continuer encore pendant quelque temps ses fonctions à la Faculté.

*

D'une stature moyenne, d'une constitution sèche et d'un tempérament nerveux, M. Rameaux a été d'une santé un peu délicate pendant un certain nombre d'années, mais rarement il s'est trouvé forcé de suspendre ses fonctions. Les vacances passées dans les montagnes du Jura, son pays natal, lui rendaient d'ordinaire ses forces et le disposaient à reprendre ses cours après la rentrée académique. Le climat de Nancy lui a été favorable. Sa santé, depuis plusieurs années, ne laissait guère à désirer. Dans ces derniers temps il se plaignait, mais rarement, à sa digne compagne, d'avoir des malaises et des oppressions momentanés. Ces malaises disparaissaient généralement très-vite. Il en avait encore parlé dans la matinée du dimanche; mais, dans l'après-midi, il se sentit assez bien pour se rendre à une réunion où il rencontra plusieurs de ses amis : c'était un concert ; lorsque tout à coup il fut repris des mêmes malaises qu'il avait ressentis le matin. On lui donna les soins les plus empressés, mais inutilement ; le mal augmenta avec rapidité. Notre cher collègue expira avant qu'on ait pu le ramener chez lui !

Il nous resterait à faire connaître la vie de M. Rameaux comme professeur et comme savant ; ce soin est naturellement réservé pour un autre moment, mais c'est ici le lieu de dire encore que notre regretté collègue était aimé et respecté par tous. D'un caractère doux et facile, quoique avec des convictions arrêtées, ses rapports étaient des plus agréables ; sa conversation animée, imagée, savante, attirait au plus haut degré l'attention de ses auditeurs. La bienveillance pour tous était une des qualités qui le distinguaient.

M. Rameaux était officier de l'Université, chevalier de la Légion d'honneur et membre résident, honoraire ou correspondant de plusieurs sociétés scientifiques. Comme délégué de la Faculté de médecine auprès de l'École de pharmacie, il a présidé pendant bien des années les examens de cette école et, depuis trois ans, ses collègues le nommaient assesseur du doyen.

Cette séparation subite et si inattendue a profondément affligé ses collègues, dont la plupart avaient été autrefois ses élèves. Puissent les regrets que cette mort provoque chez tous ceux qui ont connu M. Rameaux être un sujet de consolation pour sa veuve, qui a perdu en lui le fidèle compagnon de sa vie. Quant à nous, nous n'oublierons jamais le collègue savant, affectueux et bon, qui, pendant une si longue suite d'années, a contribué à rehausser le mérite de notre Faculté, dont il était un des membres les plus honorés et les plus estimés.

Discours de M. le docteur GIRAUD, Directeur de l'Asile des aliénés de Maréville, Président de la Société de médecine de Nancy.

Messieurs,

Je viens, au nom de la Société de médecine de Nancy, exprimer les regrets que la perte soudaine de M. Rameaux inspire à notre Compagnie.

Lorsqu'après les désastres de la guerre de 1870, la Faculté de médecine de Strasbourg fut transférée à Nancy, les professeurs et les médecins qui étaient membres des diverses sociétés savantes des provinces annexées à l'Allemagne, voulurent bien se réunir à nous pour ne former qu'un seul et même corps. M. Rameaux, dont l'esprit était essentiellement académique, assistait régulièrement à nos séances et s'y faisait remarquer par la précision de son langage, la netteté de ses idées et son culte pour les formules exactes ; il prit notamment une part active et magistrale à la discussion d'une question d'hygiène qui intéressait vivement son nouveau pays d'adoption, la question des eaux de Nancy.

M. Rameaux avait obtenu à Strasbourg la considération qui était due à son caractère élevé, une situation qui était la juste récompense de sa vie laborieuse et le signe de l'honneur, qui était si bien placé sur sa poitrine. Quand l'année terrible survint, M. Rameaux, qui avait l'âme grande, pensa qu'après avoir profité des prospérités de Strasbourg, il devait aussi partager ses malheurs, et il resta dignement à son poste dans la ville ravagée par le fer et le feu, au mépris de la civilisation, au mépris de l'humanité.

La réputation acquise à M. Rameaux par de remarquables et utiles travaux, par son excellente méthode d'enseignement, par les soins particuliers qu'il donnait à l'instruction des élèves, l'avait suivi à Nancy. Les rapports affectueux, doux et toujours sûrs, qu'il avait avec tous ses confrères, l'avaient placé en haute estime parmi nous ; nous aimions à rencontrer son visage sympathique, nous étions heureux de presser sa main loyale.

Au milieu de la diversité d'opinions qui caractérise notre époque, et qui dans la science divise les esprits les plus éminents, M. Rameaux était resté fermement convaincu que la vie tout entière ne s'achève pas dans la tombe ouverte devant nous, et qu'au delà du terrain sur lequel nous sommes en ce moment il y a encore des espérances.

Savant modeste, ami fidèle, travailleur infatigable, qui venez d'expirer debout après un demi-siècle de labeurs incessants, jouissez du repos que vous avez mérité.

Recevez le suprême adieu de vos confrères ; vous léguez à leur souvenir une mémoire vénérée.

Discours de M. JACQUEMIN, Directeur de l'École supérieure de pharmacie de Nancy, Président de la Société des sciences.

MESSIEURS,

En prenant la parole au nom de la Société des sciences, près de cette tombe qui va se fermer sur l'un des nôtres, j'éprouve une émotion d'autant plus profonde que cette mort était inattendue. En présence de ce coup si rapide qui nous a ravi un collègue aimé, un ami sûr et dévoué, je suis dans l'accablement. Plein de vie, de santé, d'intelligence, nous assistons au lever d'un jour dont nous ne verrons peut-être pas le soir. Nous le savons, et cependant toutes les fois qu'une nouvelle démonstration de cette vérité, pour ainsi dire banale, porte sur une personne de notre affection, nous restons confondus, et le sentiment de notre douleur semble s'en accroître.

Fils de ses œuvres, Rameaux ne devait ce qu'il fut qu'à lui-même, qu'à sa persévérance dans le travail. Pour s'élever jusqu'à cette noble femme qui devint sa compagne et fit le bonheur de sa vie, il se livra à l'étude avec une ardeur que l'on ne saurait trop admirer, puisqu'avant d'entrer en possession du titre de docteur en médecine il avait passé victorieusement par les rudes épreuves de la licence. Il conquit plus tard le grade de docteur ès sciences mathématiques, puis celui d'agrégé des sciences physiques, et parvint au titulariat de la chaire de physique médicale de la Faculté de médecine de Strasbourg, chaire qu'il occupa avec une grande distinction.

C'est en 1859, le 5 juillet, qu'il fut nommé membre titulaire de la Société des sciences naturelles de Strasbourg, dont l'origine remontait à 1828, et dont la valeur était hautement appréciée par les savants de la capitale. Lorsque les malheurs de la guerre nous expulsèrent de l'Alsace, Rameaux signa, le 10 mars 1873, avec vingt-huit de ses collègues, l'acte de transfert à Nancy du siége social de notre Société, et le 29 mars de la même année les statuts de la Société des sciences de Nancy.

Je n'entreprendrai pas de vous retracer ici les détails de sa participation à notre existence scientifique : l'analyse de ses travaux sera faite dans l'une de nos prochaines séances par un membre plus autorisé que moi.

L'an dernier encore il nous soumettait un procédé de son invention qui permet de reconnaître le plus faible développement de l'électricité, et aucun de nous n'a perdu le souvenir de l'entrain qu'il apportait dans son exposé, du feu avec lequel il nous montrait cette sensibilité exquise de son appareil, si simple, si pratique, et nous faisait saisir les avantages que l'on pouvait en tirer pour la manifestation des phénomènes électriques dans l'étude des corps.

Il ne manquait aucune de nos séances, et suivait avec le plus vif intérêt toute communication, qu'elle appartînt aux sciences physiques, aux sciences naturelles ou aux sciences médicales. Il aimait à discuter ; était-ce pour s'instruire, comme il le répétait avec son délicieux sourire, lui, l'encyclopédie vivante? Non, Messieurs, nul ne pouvait s'y méprendre et mettre en doute la profondeur de son savoir. C'était pour amener des explications plus complètes, pour ne laisser aucune ombre sur le sujet traité, et souvent pour mettre en lumière et faire ressortir par son langage correct, rehaussé d'une finesse d'expressions toujours remarquée, la valeur des faits nouveaux qui venaient d'être annoncés. L'urbanité des formes, le tour particulier de sa pensée, le choix de mots heureux qu'il employait pour l'exprimer, la rectitude de son jugement, toutes ces qualités de l'homme d'élite qui nous le rendaient cher, nous font sentir plus vivement aujourd'hui le vide causé par sa perte et augmentent la douleur de ce suprême adieu que lui dit la Société des sciences par la voix de son président.

Adieu, Rameaux, nos regrets t'accompagnent, nos cœurs garderont pieusement ta mémoire !

Discours prononcé au nom de MM. les Étudiants, par M. C. HYPOLITTE, aide de clinique de la Faculté de médecine de Nancy.

Messieurs,

Au nom de mes camarades de la Faculté de médecine de Nancy, je viens, adressant le suprême adieu à M. le professeur Rameaux, remplir un devoir de reconnaissance. D'autres, plus autorisés que nous, ont prononcé l'éloge du savant : ce que nous voulons, c'est affirmer les regrets que nous cause la mort si brusque d'un maître dont les conseils amicaux, presque paternels, n'ont jamais fait défaut à qui les demandait. Hier encore, le voyant au milieu de nous s'occuper avec ardeur des mille soins du professeur, nous aimions à compter toujours sur sa science, ouverte à tous, et sur sa bienveillance d'homme du monde.

Aujourd'hui il ne nous reste plus de M. Rameaux que le souvenir de son exact et sûr enseignement pratique, qui fortifiait si réellement ses solides leçons, et la mémoire du professeur, dont l'accueil facile et la grâce aimable servaient discrètement à tempérer l'autorité.

C'est encore beaucoup pour nous. Durant sa longue carrière, il a eu l'ambition d'être utile non-seulement aux savants, ses collègues, mais surtout aux étudiants. Soyons-lui donc reconnaissants, et puisse la mort, qui nous l'enlève si rapidement, nous laisser du moins de lui un dernier enseignement.

M. Rameaux, Messieurs, estimait qu'il ne suffit pas au médecin d'être un habile praticien, mais qu'il devait aussi ne point rester étranger à toutes les questions de hautes sciences, qui, sans avoir pour lui une utilité immédiate, donnent néanmoins à l'esprit de la force et de l'ampleur.

Retenons, Messieurs, cette leçon de notre regretté maître, car elle fut l'inspiration de tout son enseignement, et elle en est le résumé. Et ainsi nous aurons une dernière fois réalisé son vœu le plus cher : jusqu'après sa mort il aura été utile aux étudiants, qui, présents ici, en déposant cette couronne sur sa tombe, viennent lui rendre un dernier hommage, et lui adresser un dernier remerciment.

Nancy, imp. Berger-Levrault et Cⁱᵉ.

www.ingramcontent.com/pod-product-compliance
Lightning Source LLC
Chambersburg PA
CBHW061620040426
42450CB00010B/2586